Impressum
Verlag: BABADADA GmbH, Nedderfeld 112 , 22529 Hamburg
Geschäftsführer / Verlagsleitung: Harald Hof
Druck: Books on Demand GmbH, In de Tarpen 42, 22848 Norderstedt

Imprint
Publisher: BABADADA GmbH, Nedderfeld 112 , 22529 Hamburg, Germany
Managing Director / Publishing direction: Harald Hof
Print: Books on Demand GmbH, In de Tarpen 42, 22848 Norderstedt

skool
school

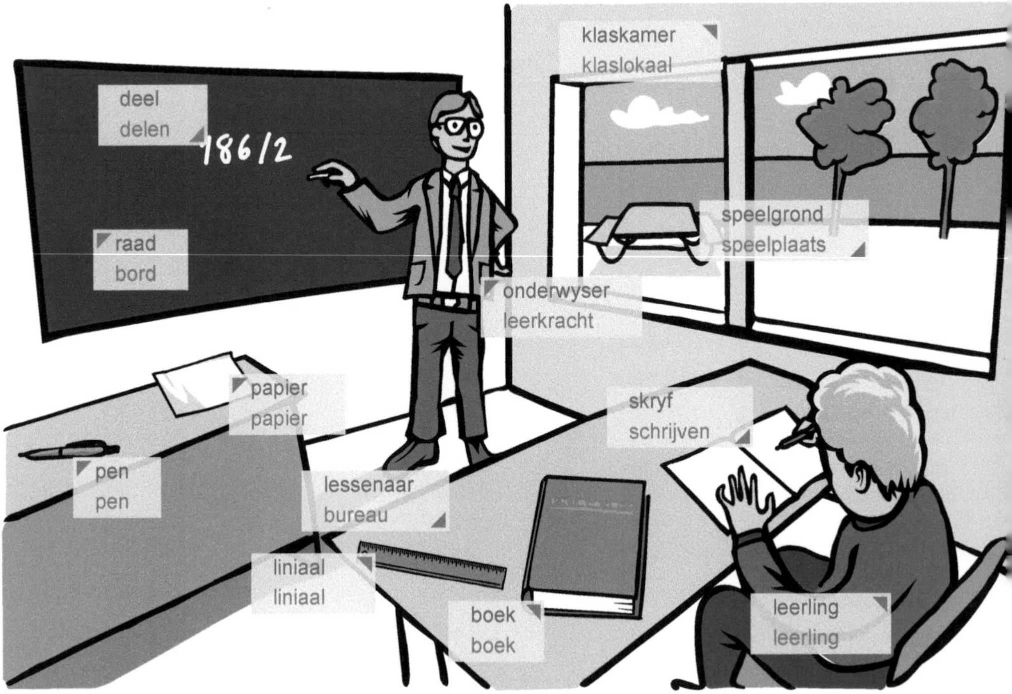
klaskamer
klaslokaal
deel
delen
186/2
raad
bord
speelgrond
speelplaats
onderwyser
leerkracht
papier
papier
skryf
schrijven
pen
pen
lessenaar
bureau
liniaal
liniaal
boek
boek
leerling
leerling

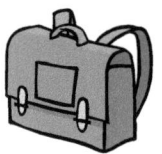

skooltas

schooltas

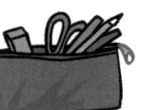

potloodhouer

pennenzak

potlood

potlood

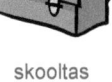

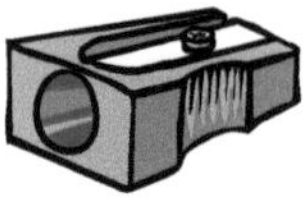

skerpmaker

puntenslijper

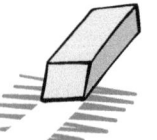

rubber

gom

tekenblok

tekenblok

tekening
tekening

verfkwas
verfborstel

verfoppervlak
verfdoos

skêr
schaar

gom
lijm

oefenboek
werkboek

huiswerk
huiswerk

aantal
nummer

optel
optellen

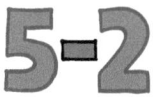

aftrek
aftrekken

maal
vermenigvuldigen

bereken
rekenen

brief
letter

alaphabet
alfabet

woord
woord

teks

tekst

lees

Lezen

kryt

krijt

les

les

registreer

klassenboek

eksamen

examen

sertifikaat

certificaat

skooluniform

schooluniform

onderwys

onderwijs

ensiklopedie

encyclopedie

universiteit

universiteit

mikroskoop

microscoop

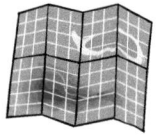

kaart

kaart

vullisdrom

papiermand

reis

reis

hotel
hotel
Grand
hostel
jeugdherberg
ROOMS
bureau de change
wisselkantoor
CHANGE
tas
koffer
motor
auto

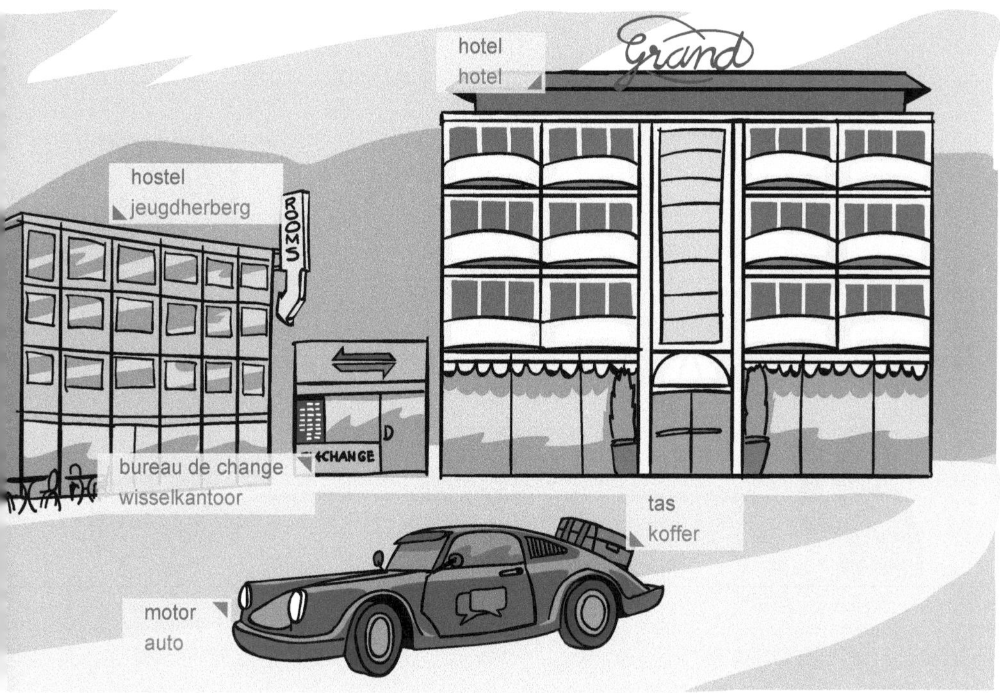

taal

Taal

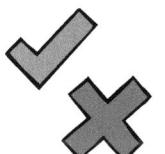

ja / nee

ja / nee

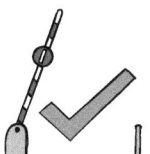

Goed

oké

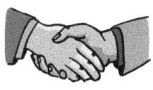

hallo

hallo

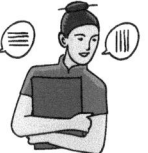

vertaler

vertaler

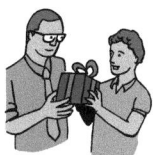

Dankie

bedankt

hoeveel is...?

Hoeveel kost ...?

Ek verstaan nie

Ik begrijp het niet

probleem

probleem

Goeie naand!

Goedenavond!

Goeie môre!

Goedemorgen!

Goeie nag!

Goedenavond!

totsiens

Tot ziens

rigting

richting

bagasie

bagage

sak

zak

rugsak

rugzak

gas

gast

kamer

kamer

slaapsak

slaapzak

tent

tent

reis - reis

toeriste-inligting

toeristeninformatie

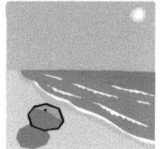

strand

strand

kredietkaart

kredietkaart

ontbyt

ontbijt

middagete

lunch

aandete

avondeten

kaartjie

ticket

hysbak

lift

posseël

postzegel

grens

grens

doeane

douane

ambassade

ambassade

visum

visum

paspoort

paspoort

vervoer

transport

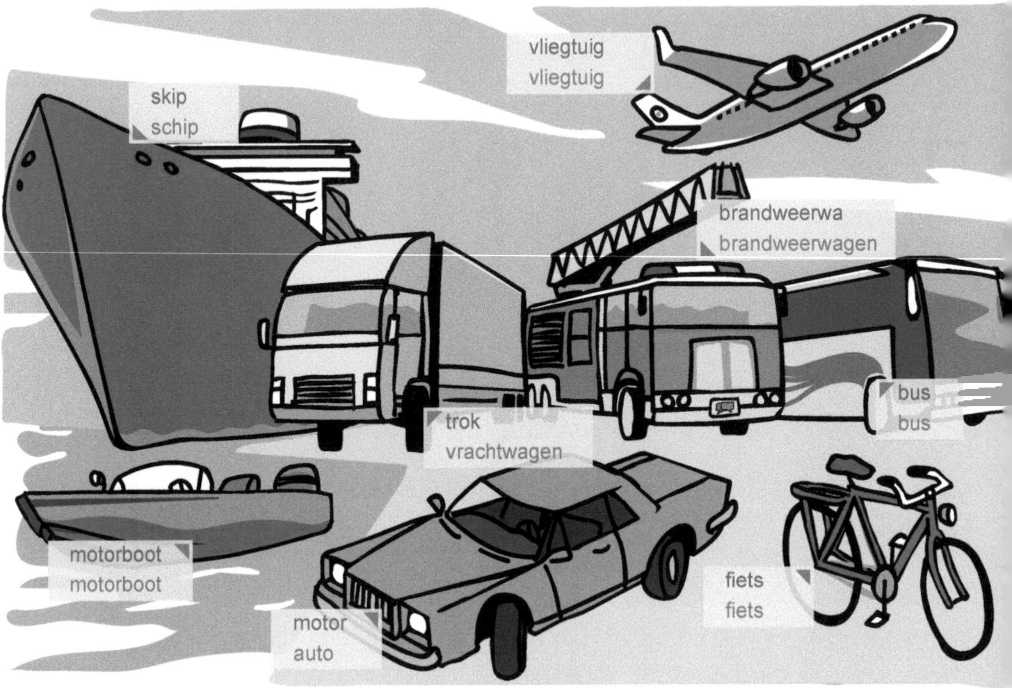

vliegtuig
vliegtuig
skip
schip
brandweerwa
brandweerwagen
bus
bus
trok
vrachtwagen
motorboot
motorboot
fiets
fiets
motor
auto

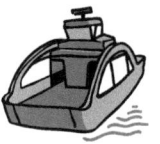

veerboot

veerboot

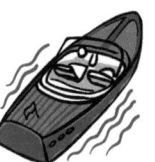

boot

boot

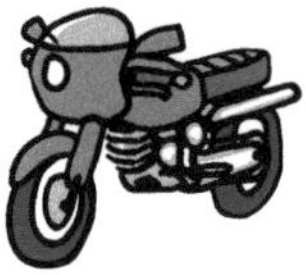

motorfiets

motor

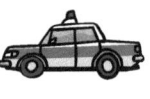

polisiemotor

politiewagen

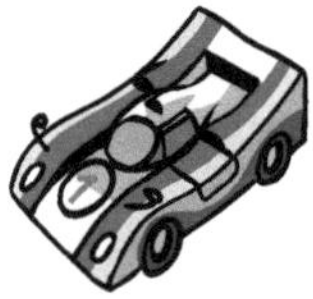

renmotor

racewagen

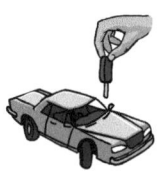

huurmotor

huurauto

car-sharing

carpoolen

insleepvoertuig

sleepwagen

vullisverwydering

vuilniswagen

enjin

motor

brandstof

benzine

vulstasie

benzinestation

verkeersteken

verkeersbord

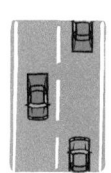

verkeer

verkeer

verkeersknoop

file

parkeerplek

parkeerplaats

stasie

station

spore

sporen

trein

trein

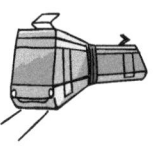

tram

tram

wa

wagon

helikopter

helikopter

lughawe

luchthaven

toring

toren

passasier

passagier

houer

container

karton

karton

karretjie

kar

mandjie

mand

opstyg / land

opstijgen / landen

stad

stad

dorpie

dorp

middestad

stadscentrum

huis

huis

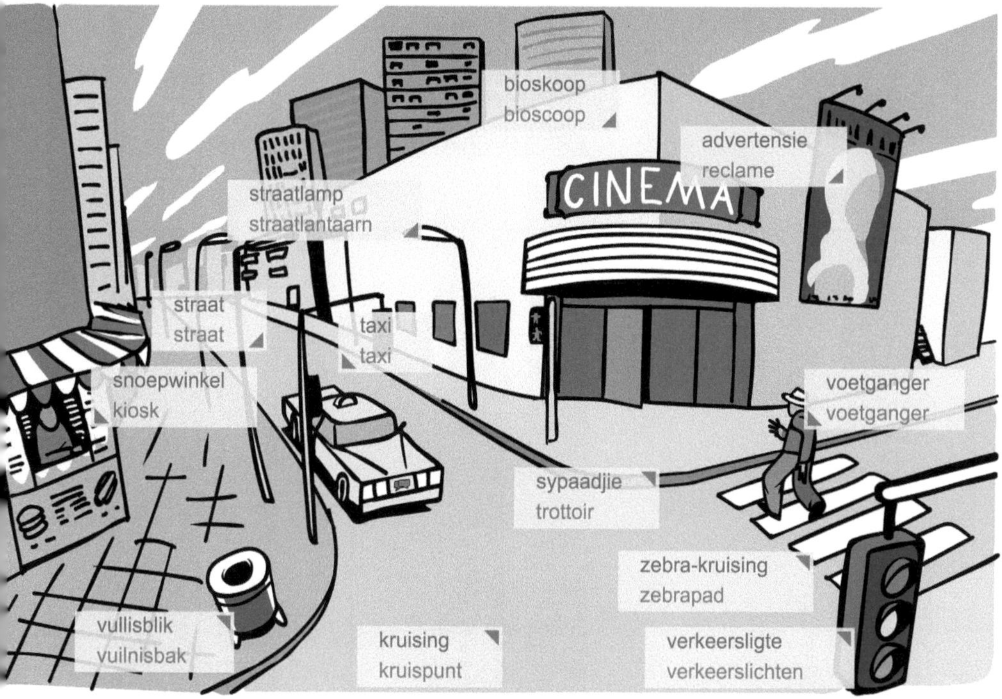

bioskoop
bioscoop
advertensie
reclame
CINEMA
straatlamp
straatlantaarn
straat
straat
taxi
taxi
snoepwinkel
kiosk
voetganger
voetganger
sypaadjie
trottoir
zebra-kruising
zebrapad
vullisblik
vuilnisbak
kruising
kruispunt
verkeersligte
verkeerslichten

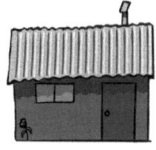

hut

hut

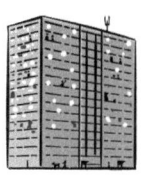

woonstel

woning

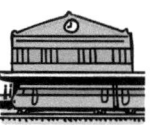

stasie

station

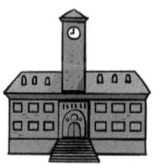

stadsaal

stadshuis

MUSEUM

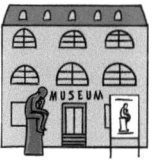

museum

museum

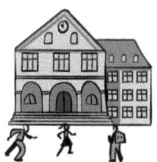

skool

school

universiteit

universiteit

bank

bank

hospitaal

ziekenhuis

hotel

hotel

apteek

apotheek

kantoor

kantoor

boekwinkel

boekwinkel

winkel

winkel

bloemis

bloemenwinkel

supermark

supermarkt

mark

markt

handelshuis

warenhuis

viswinkel

vishandelaar

inkopiesentrum

winkelcentrum

hawe

haven

park
park

bankie
bank

brug
brug

trappe
trap

moltrein
metro

tonnel
tunnel

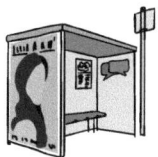

bushalte
bushalte

kroeg
bar

restaurant
restaurant

posbus
brievenbus

straatnaambord
straatnaambord

parkeermeter
parkeermeter

dieretuin
zoo

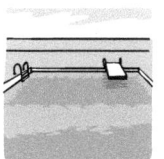

swembad
zwembad

moskee
moskee

plaas

boerderij

besoedeling

milieuverontreiniging

begraafplaas

kerkhof

kerk

kerk

speelgrond

speelplaats

tempel

tempel

landskap

landschap

blaar
blad

padwyser
wegwijzer

pad
weg

weiland
weide

klip
steen

boom
boom

voetslaner
wandelaar

rivier
rivier

gras
gras

blom
bloem

vallei	heuwel	meer
vallei	heuvel	meer
	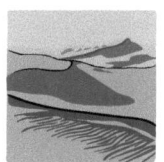	
bos	woestyn	vulkaan
bos	woestijn	vulkaan

kasteel	reënboog	sampioen
kasteel	regenboog	paddenstoel

palmboom	muskiet	vlieg
palmboom	mug	vlieg

mier	by	spinnekop
mier	bijl	spin

miskruier
kever

padda
kikker

eekhoring
eekhoorn

krimpvarkie
egel

haas
haas

uil
uil

voël
vogel

swaan
zwaan

wildevark
wild zwijn

takbok
hert

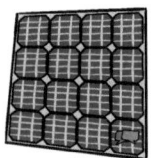

elk
eland

opgaardam
dam

windturbine
windturbine

sonpaneel
zonnepaneel

klimaat
klimaat

landskap - landschap

restaurant
restaurant

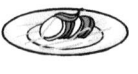

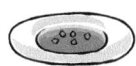

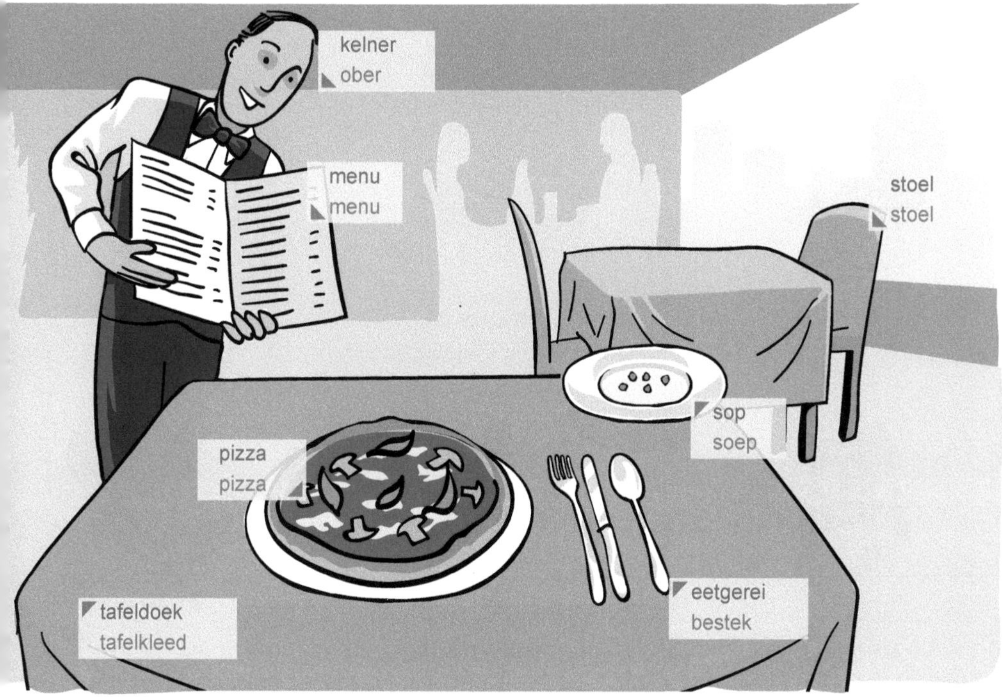
kelner
ober
menu
menu
stoel
stoel
sop
soep
pizza
pizza
eetgerei
bestek
tafeldoek
tafelkleed

voorgereg

voorgerecht

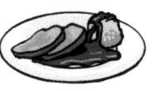

hoofgereg

hoofdgerecht

nagereg

nagerecht

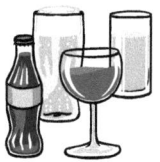

drankies

drankjes

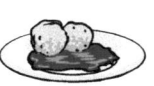

kos

eten

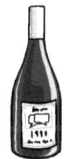

bottel

fles

kitskos

fastfood

straatkos

street food

teepot

theepot

suikerverpakking

suikerpot

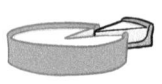

porsie

portie

espresso masjien

espressomachine

hoë stoel

kinderstoel

rekening

rekening

skinkbord

dienblad

mes

mes

vurk

vork

lepel

lepel

teelepel

theelepel

servet

serviette

glas

glas

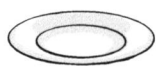

gereg

bord

sopbakkie

soepbord

piering

schoteltje

sous

saus

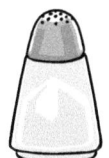

soutpot

zoutvatje

pepermeul

pepermolen

asyn

azijn

olie

olie

speserye

kruiden

tamatiesous

ketchup

mosterd

mosterd

mayonaise

mayonaise

supermark
supermarkt

spesiale aanbieding
aanbieding
kliënt
klant
FOR
suiwelprodukte
zuivelproducten
vrugte
fruit
trollie
winkelwagen

BUTCHERS

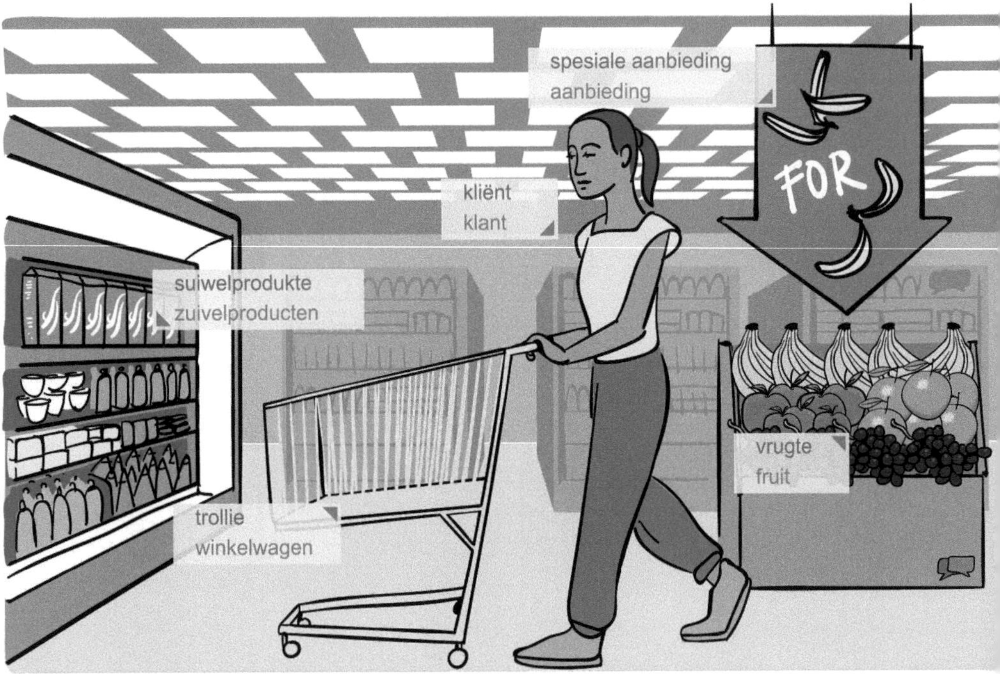

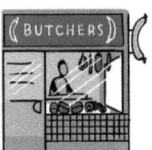

slaghuis

slagerij

BAKERY

bakkery

bakkerij

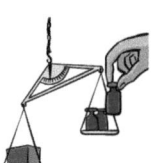

weeg

wegen

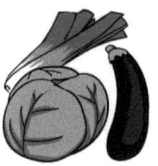

groente

groenten

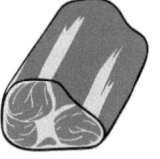

vleis

vlees

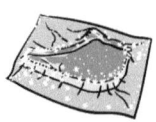

bevrore voedsel

diepvriesvoedsel

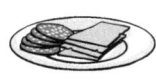

kouevleis
charcuterie

blikkieskos
conserven

waspoeier
waspoeder

lekkers
snoep

huishoudelike produkte
huishoudproducten

skoonmaakprodukte
schoonmaakproducten

verkoopsvrou
verkoopster

kasregister
kassa

kassier
kassier

inkopielys
boodschappenlijstje

besigheidsure
openingstijden

beursie
portefeuille

kredietkaart
kredietkaart

sak
tas

plastieksak
plastieken zakje

water
water

sap
sap

melk
melk

coke
cola

wyn
wijn

bier
bier

alkohol
alcohol

kakao
cacao

tee
thee

koffie
koffie

espresso
espresso

cappuccino
cappuccino

piesang

banaan

appel

appel

lemoen

sinaasappel

waatlemoen

meloen

suurlemoen

citroen

wortel

wortel

knoffel

knoflook

bamboes

bamboe

ui

ajuin

sampioen

champignon

neute

noten

noedels

noodles

spaghetti

spaghetti

rys

rijst

slaai

salade

aartappelskyfies

frieten

gebraaide aartappels

gebakken aardappelen

pizza

pizza

hamburger

hamburger

toebroodjie

sandwich

kotelet

kalfslapje

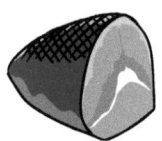

ham

ham

salami

salami

wors

worst

hoender

kip

braaivleis

braden

vis

vis

hawermoutflokkies

havervlokken

muesli

muesli

graanvlokkies

cornflakes

meel

bloem

croissant

croissant

broodrolletjie

pistolet

brood

brood

roosterbrood

toast

koekies

koekjes

botter

boter

dikmelk

kwark

koek

taart

eier

ei

gebraaide eier

spiegelei

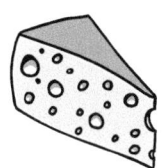

kaas

kaas

roomys

ijs

suiker

suiker

heuning

honing

konfyt

confituur

nougat-smeer

choco

kerrie

curry

plaashuis
boerderij

skuur
schuur

strooibale
strobaal

gebied
veld

perd
paard

sleepwa
aanhangwagen

vul
veulen

trekker
tractor

donkie
ezel

lam
lam

skaap
schaap

bok
geit

koei
koe

kalf
kalf

vark
varken

varkie
biggetje

bul
stier

gans

gans

eend

eend

kuiken

kuiken

hen

kip

haan

haan

rot

rat

kat

kat

muis

muis

os

os

hond

hond

hondehok

hondenhok

tuinslang

tuinslang

gieter

gieter

sens

zeis

ploeg

ploeg

sekel
sikkel

skoffel
schoffel

gaffel
hooivork

byl
bijl

kruiwa
kruiwagen

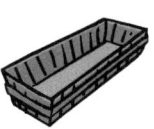

trog
trog

melkkan
melkkan

sak
zak

heining
hek

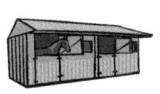

stal
stal

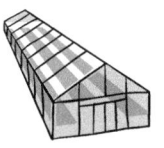

kweekhuis
broeikas

grond
bodem

saad
zaad

kunsmis
mest

stroper
maaidorser

oes
....
oogsten

oes
....
oogst

yam
....
yam

koring
....
tarwe

soja
....
soja

aartappel
....
aardappel

koring
....
maïs

raapsaad
....
koolzaad

vrugteboom
....
fruitboom

broodwortel
....
maniok

graan
....
graan

huis

huis

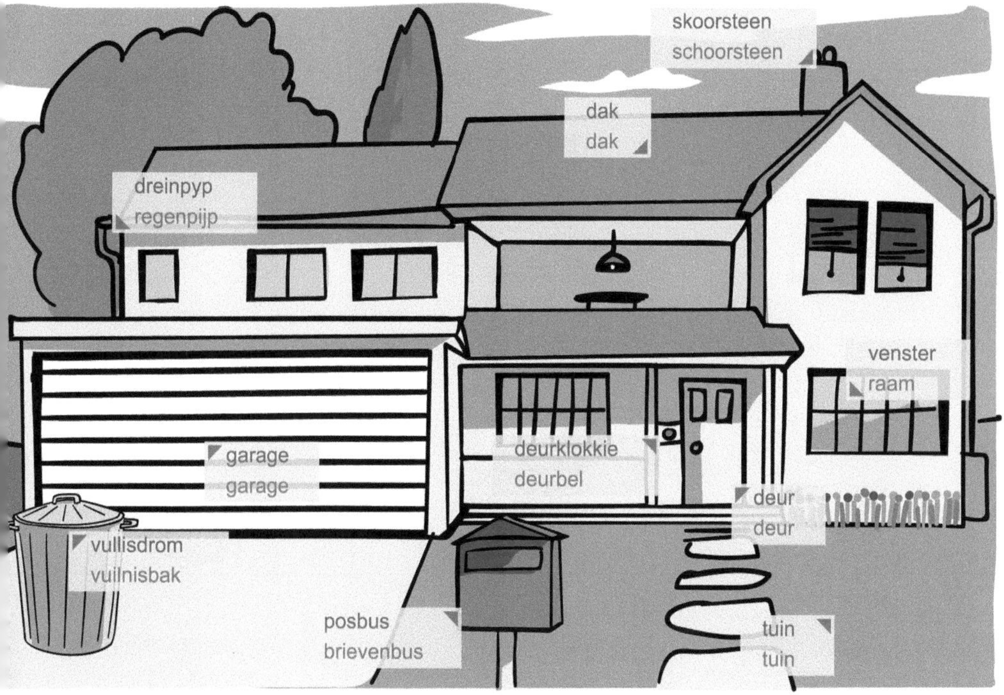
skoorsteen
schoorsteen
dak
dak
dreinpyp
regenpijp
venster
raam
garage
garage
deurklokkie
deurbel
deur
deur
vullisdrom
vuilnisbak
posbus
brievenbus
tuin
tuin

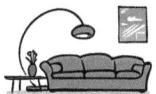

woonkamer

woonkamer

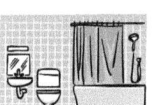

badkamer

badkamer

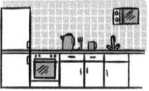

kombuis

keuken

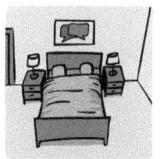

slaapkamer

slaapkamer

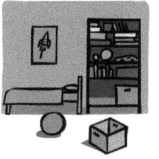

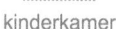

kinderkamer

kinderkamer

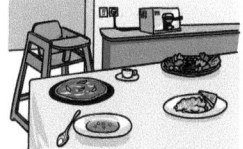

eetkamer

eetkamer

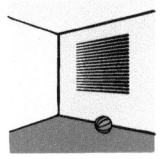

vloer

vloer

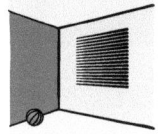

muur

muur

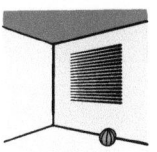

plafon

plafond

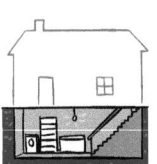

kelder

kelder

sauna

sauna

balkon

balkon

terras

terras

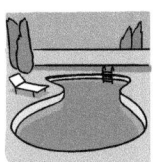

swembad

zwembad

grassnyer

grasmaaier

beddegoedoortreksel

dekbedovertrek

deken

dekbed

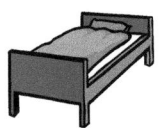

bed

bed

besem

bezem

emmer

emmer

skakelaar

schakelaar

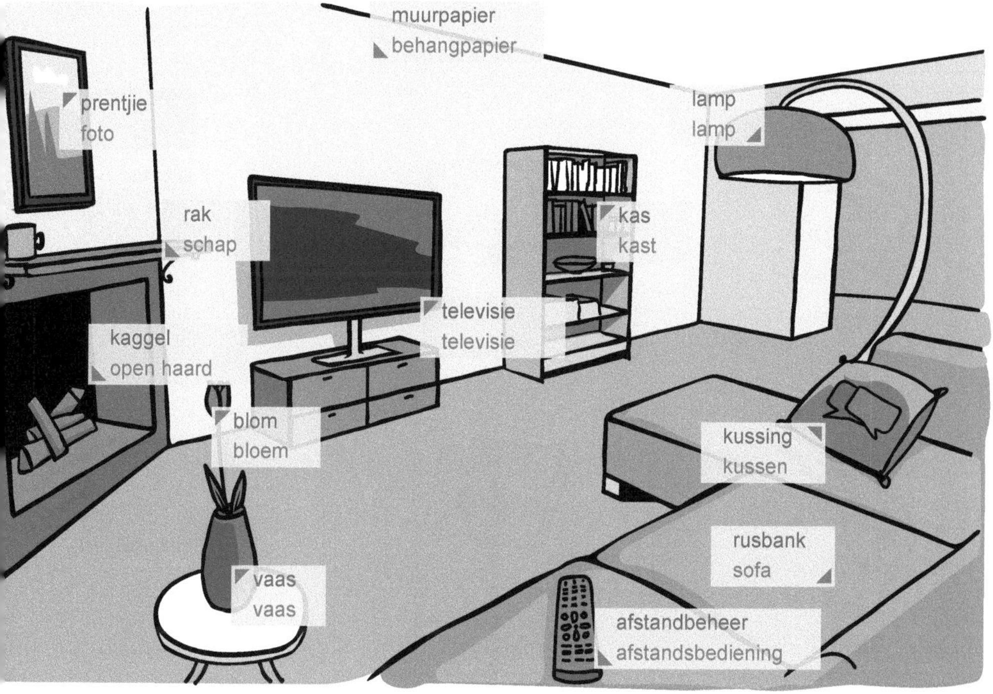

muurpapier
behangpapier

prentjie
foto

lamp
lamp

rak
schap

kas
kast

televisie
televisie

kaggel
open haard

blom
bloem

kussing
kussen

rusbank
sofa

vaas
vaas

afstandbeheer
afstandsbediening

mat
mat

gordyn
gordijn

tafel
tafel

stoel
stoel

wiegstoel
schommelstoel

leunstoel
fauteuil

boek
boek

kombers
deken

versiering
decoratie

vuurmaakhout
brandhout

film
film

hoëtroustel
stereo-installatie

sleutel
sleutel

koerant
krant

skildery
schilderij

plakkaat
poster

radio
radio

notaboekie
notitieboekje

stofsuier
stofzuiger

kaktus
cactus

kers
kaars

kombuis
keuken

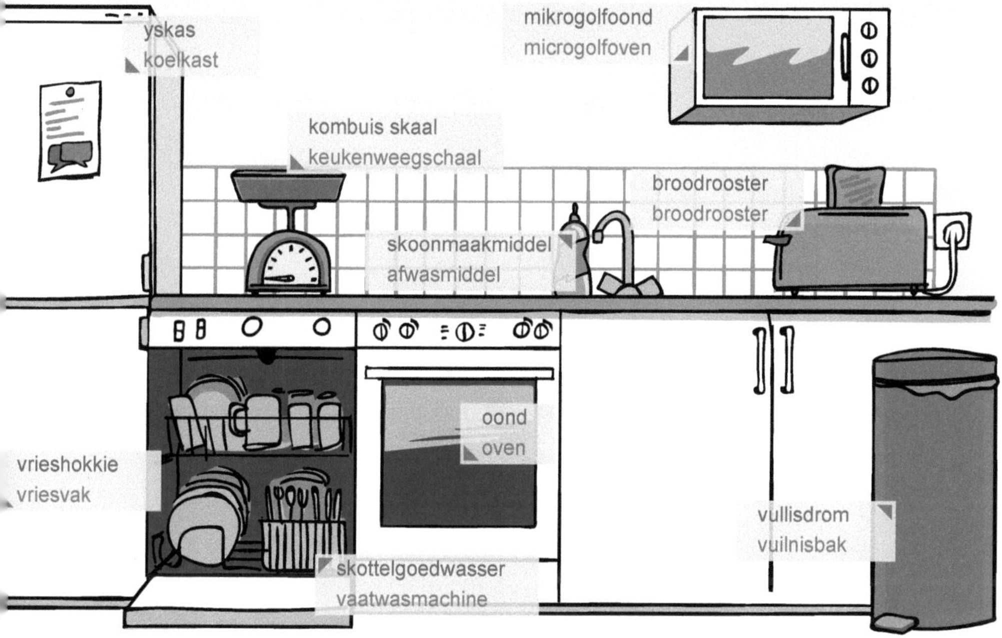
yskas
koelkast
mikrogolfoond
microgolfoven
kombuis skaal
keukenweegschaal
broodrooster
broodrooster
skoonmaakmiddel
afwasmiddel
oond
oven
vrieshokkie
vriesvak
vullisdrom
vuilnisbak
skottelgoedwasser
vaatwasmachine

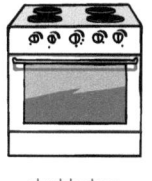

drukkoker

fornuis

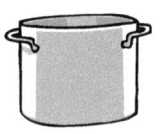

pot

pot

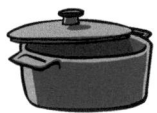

ysterpot

gietijzeren pot

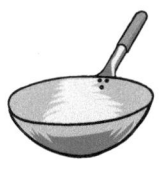

wok / kadai

wok / kadai

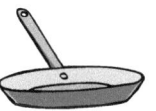

pan

pan

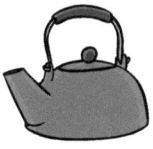

ketel

waterkoker

stoomkoker

stoomkoker

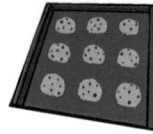

bakplaat

bakplaat

breekware

servies

beker

mok

bak

kom

eetstokkie

eetstokjes

skeplepel

pollepel

spatel

spatel

klitser

garde

sif

vergiet

sif

zeef

rasper

rasp

vysel

mortier

braai

barbecue

oop vuur

haardvuur

broodplank
....
snijplank

koekroller
....
deegrol

kan
....
blik

blikoopmaker
....
blikopener

vatlap
....
pannenlap

opwasbak
....
gootsteen

borsel
....
borstel

spons
....
spons

menger
....
blender

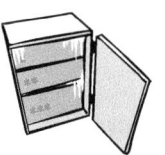

vrieskas
....
vriezer

bababottel
....
papfles

kraan
....
kraan

kurktrekker
....
kurkentrekker

badkamer
badkamer

verwarming
verwarming
stort
douche
handdoek
handdoek
stortgordyn
douchegordijn
borrel bad
bubbelbad
bad
badkuip
glas
glas
wasmasjien
wasmachine
kraan
kraan
teëls
tegels
potjie
kinderpo
opwasbak
gootsteen

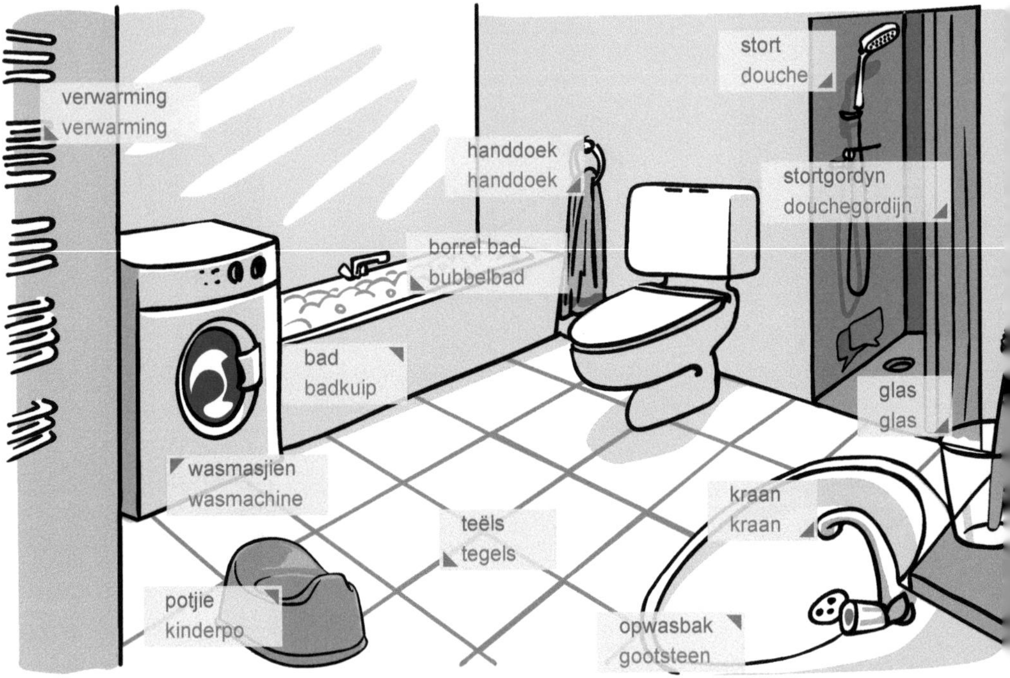

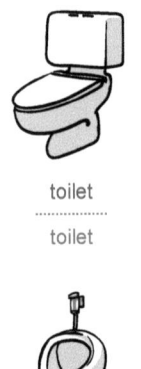

toilet
toilet

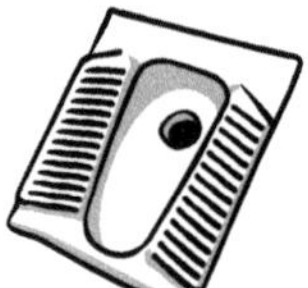

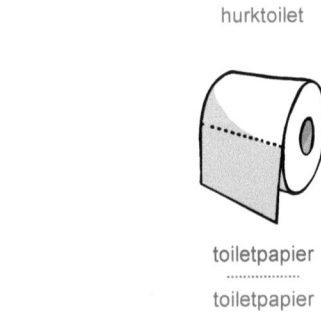

hurktoilet
hurktoilet

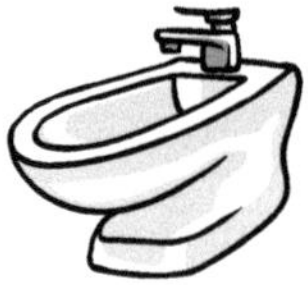

bidet
bidet

urinaal
urinoir

toiletpapier
toiletpapier

toiletborsel
toiletborstel

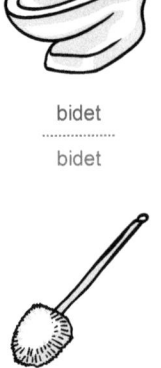

tandeborsel
tandenborstel

tandepasta
tandpasta

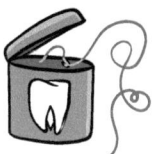

tande vlos
flosdraad

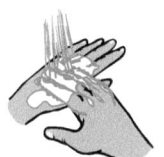

was
wassen

handstort
handdouche

stort
bidethanddouche

wasbak
waskom

rugkantborsel
rugborstel

seep
zeep

stortgel
douchegel

sjampoe
shampoo

flanel
washandje

drein
afvoer

room
crème

reukweerder
deodorant

spieël
....
spiegel

spieëltjie
....
handspiegel

skeermes
....
scheermes

skeerroom
....
scheerschuim

naskeermiddel
....
aftershave

kam
....
kam

borsel
....
borstel

haardroër
....
haardroger

haarsproei
....
haarlak

grimmering
....
make-up

lipstifie
....
lippenstift

naellak
....
nagellak

watte
....
watten

naelknipper
....
nagelknipper

parfuum
....
parfum

toiletsakkie

toilettas

stoel

kruk

skaal

weegschaal

badjas

badjas

rubberhandskoene

latex handschoenen

tampon

tampon

sanitêre handdoek

maandverband

chemiese toilet

chemisch toilet

kinderkamer

kinderkamer

wekker
wekker
snoesige speelding
knuffel
speelgoedkarretjie
speelgoedauto
ratel
rammelaar
pophuis
poppenhuis
geskenk
geschenk

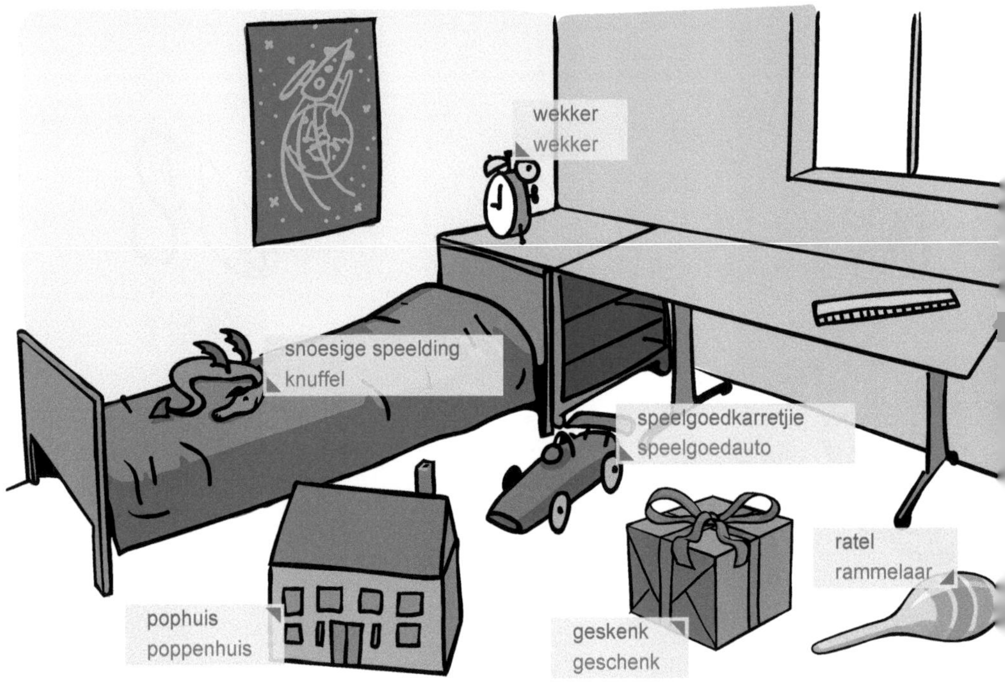

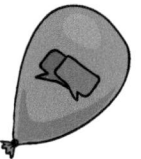

ballon
ballon

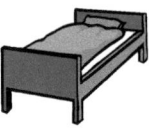

bed
bed

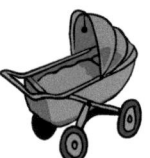

stootwaentjie
kinderwagen

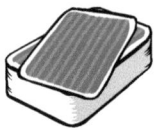

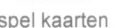

kaartespel
spel kaarten

legkaart
puzzel

SUPER MEGA

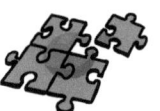

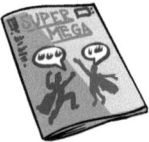

tekenprent
stripboek

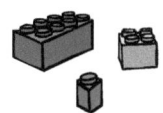

lego-blokkies

legoblokjes

speelgoedblokke

blokken

animasieheld

actiefiguur

groeipakkie

kruippakje

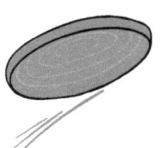

frisbee

frisbee

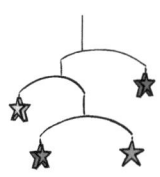

mobile

mobiel

bordspeletjie

bordspel

dobbelsteen

dobbelsteen

model trein stel

modelspoorweg

fopspeen

fopspeen

partytjie

feest

prenteboek

prentenboek

bal

bal

pop

pop

speel

spelen

sandput

zandbak

swaai

schommel

speelgoed

speelgoed

videospeletjie-konsole

spelconsole

driewiel

driewieler

teddiebeer

knuffelbeer

klerekas

kleerkast

klere
kleding

sokkies

sokken

kouse

kousen

broekiekouse

maillot

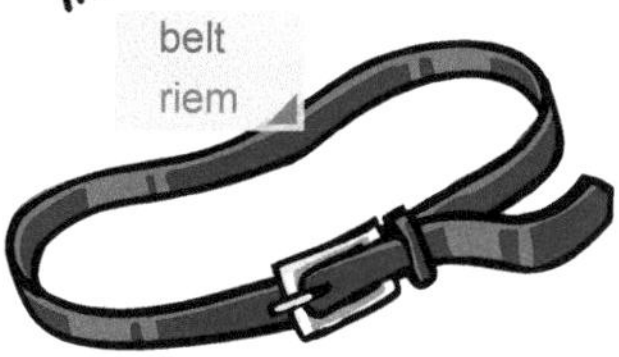

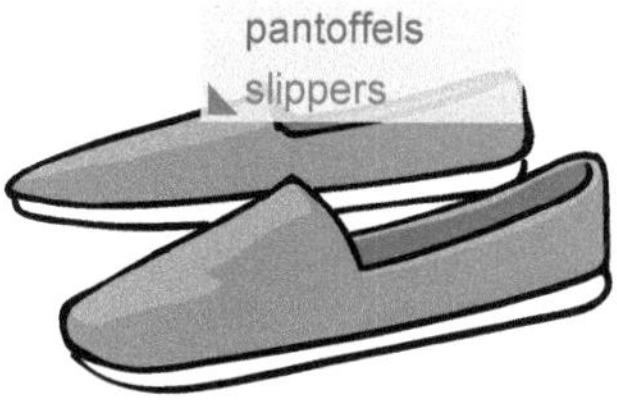

serp
sjaal

sambreel
paraplu

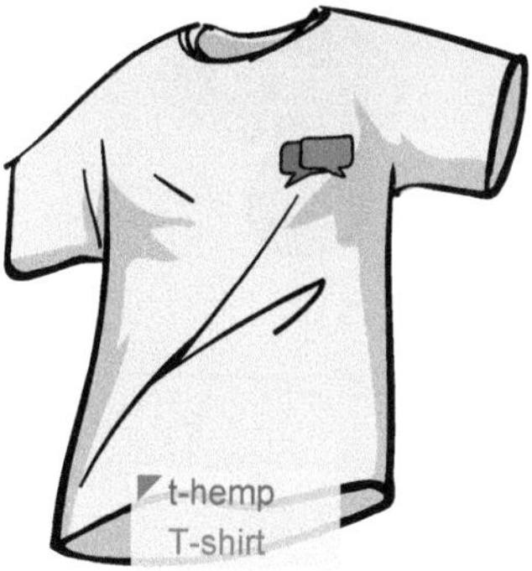

belt
riem

t-hemp
T-shirt

skoene
laarzen

pantoffels
slippers

tekkies
sneakers

sandale
sandalen

skoene
schoenen

rubber stewels
rubberlaarzen

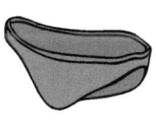

onderbroek
onderbroek

bra
beha

onderbaadjie
onderhemd

liggaam
lichaam

broek
broek

jeans
jeans

romp
rok

bloes
blouse

hemp
hemd

oortrektrui
trui

oortrektrui
capuchontrui

baadjie
blazer

baadjie
jas

jas
jas

reënjas
regenjas

kostuum
kostuum

rok
jurk

trourok
trouwjurk

pak

pak

nagrok

nachthemd

pajamas

pyjama

sari

sari

kopdoek

hoofddoek

tulband

tulband

burqa

boerka

kaftan

kaftan

abaya

abaya

swembroek

badpak

swembroek

zwembroek

kortbroek

short

sweetpak

trainingspak

voorskoot

schort

handskoene

handschoenen

knoppie

knoop

bril

bril

armband

armband

halssnoer

ketting

ring

ring

oorbel

oorbel

pet

pet

klerehanger

kapstok

hoed

hoed

das

das

rits

rits

helmet

helm

draadjies

bretellen

skooluniform

schooluniform

uniform

uniform

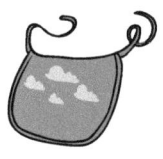

bib

slabbetjie

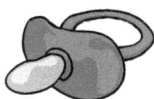

fopspeen

fopspeen

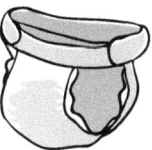

doek

luier

kantoor

kantoor

bediener
server
liasseerkabinet
dossierkast
drukker
printer
papier
papier
skerm
monitor
lessenaar
bureau
muis
muis
leêr
map
sleutelbord
toestenbord
vullisdrom
papiermand
rekenaar
computer
stoel
stoel

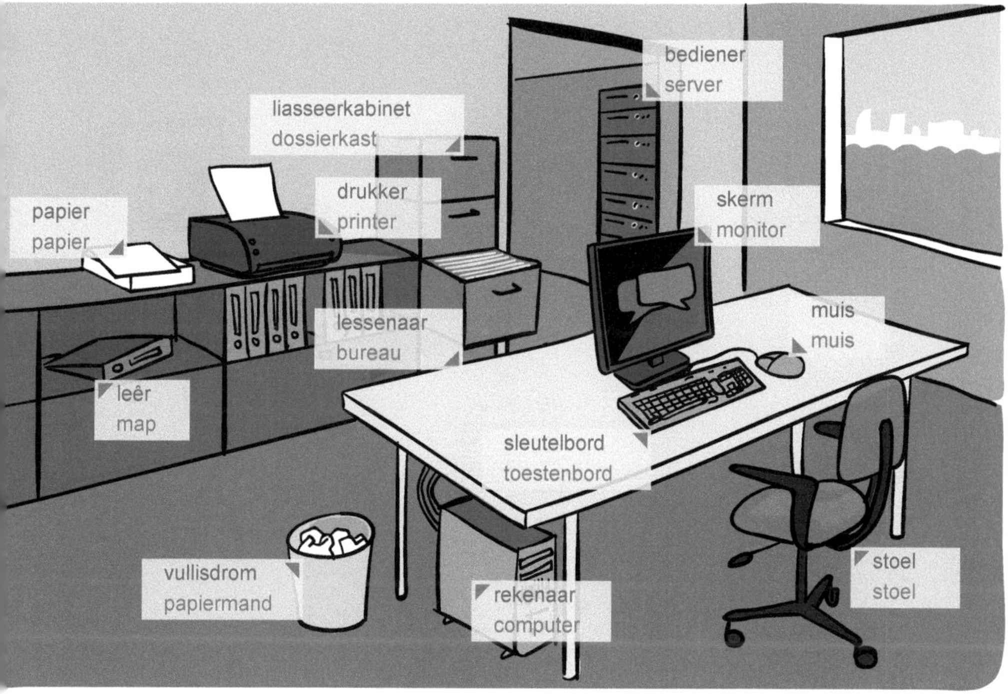

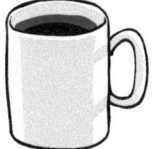

koffiebeker

koffiemok

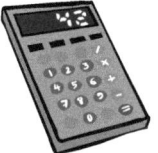

sakrekenaar

rekenmachine

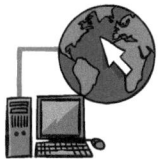

internet

internet

skootrekenaar

laptop

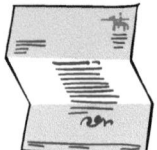

brief

brief

boodskap

bericht

selfoon

gsm

netwerk

netwerk

fotostaatmasjien

kopieerapparaat

sagteware

software

telefoon

telefoon

muurprop

stopcontact

faksmasjien

fax

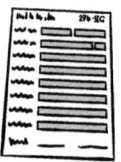

vorm

formulier

dokument

document

koop

kopen

betaal

betalen

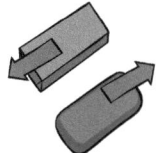

besigheid doen

handelen

geld

geld

dollar

dollar

euro

euro

yen

yen

roebel

roebel

switserse frank

Zwitserse frank

renminbi yuan

Chinese renminbi

rupee

roepie

kontantteller (ATM)

geldautomaat

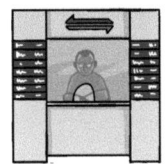

bureau de change

wisselkantoor

goud

goud

silwer

zilver

olie

olie

energie

energie

prys

prijs

kontrak

contract

belasting

belasting

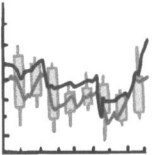

aandele

aandeel

werk

werken

werknemer

werknemer

werkgewer

werkgever

fabriek

fabriek

winkel

winkel

beroepe
beroepen

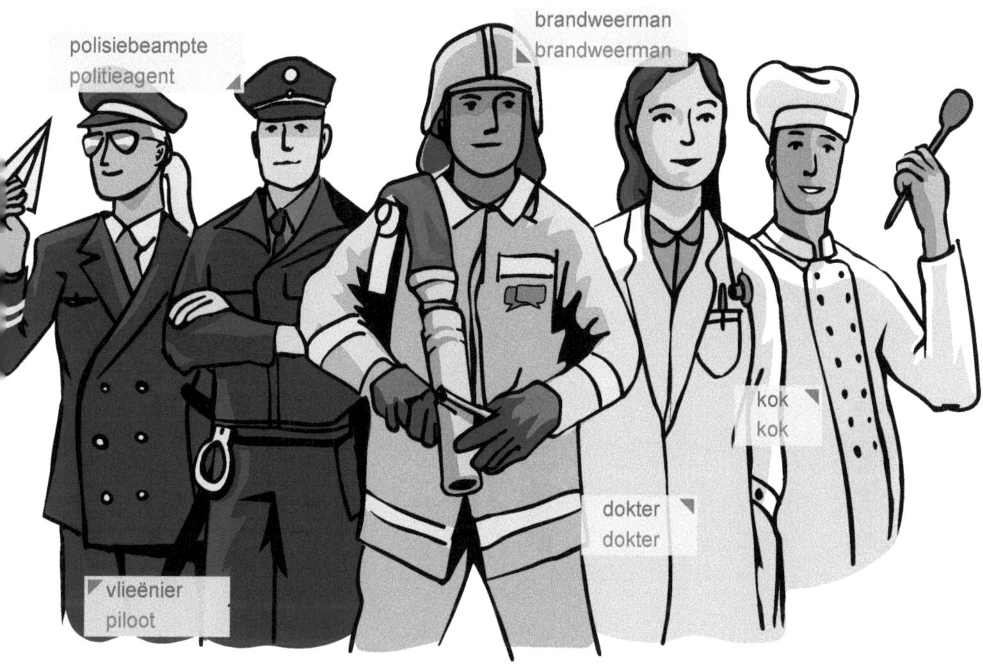
brandweerman
brandweerman
polisiebeampte
politieagent
kok
kok
dokter
dokter
vlieënier
piloot

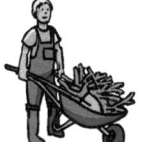

tuinier

tuinman

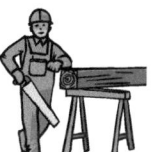

timmerman

timmerman

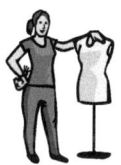

naaldwerkster

naaister

regter

rechter

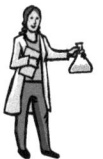

chemikus

chemicus

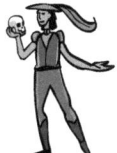

akteur

acteur

busbestuurder

buschauffeur

taxibestuurder

taxichauffeur

visserman

visser

skoonmaakvrou

schoonmaakster

dakwerker

dakdekker

kelner

ober

jagter

jager

skilder

schilder

bakker

bakker

elektrisiën

elektricien

bouer

bouwvakker

ingenieur

ingenieur

slagter

slager

loodgieter

loodgieter

posman

postbode

soldaat
soldaat

argitek
architect

kassier
kassier

bloemiste
bloemist

haarkapper
kapper

kondukteur
conducteur

werktuigkundige
mecanicien

kaptein
kapitein

tandarts
tandarts

wetenskaplike
wetenschapper

rabbi
rabbijn

imam
imam

monnik
monnik

predikant
geestelijke

gereedskap
werktuigen

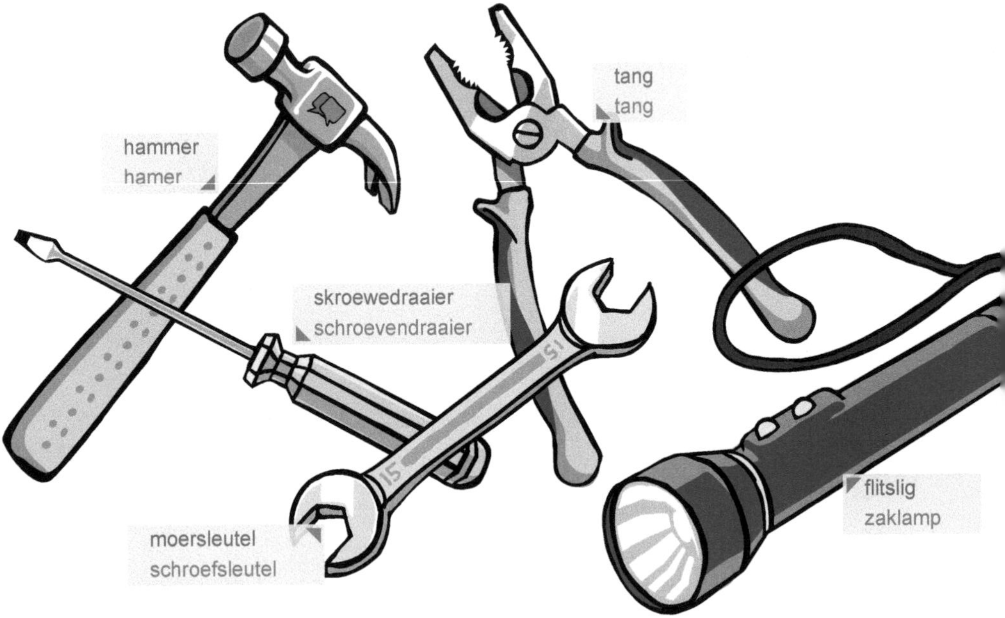
tang
tang
hammer
hamer
skroewedraaier
schroevendraaier
flitslig
zaklamp
moersleutel
schroefsleutel

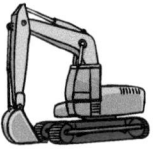

graaftoestel
graafmachine

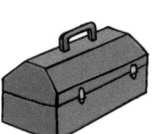

gereedskapskis
gereedschapskoffer

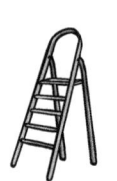

leer
ladder

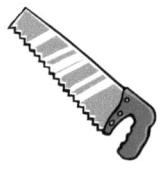

saag
zaag

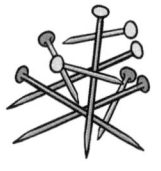

naels
spijkers

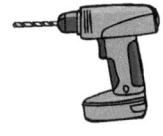

boor
boormachine

regmaak

repareren

graaf

schop

verdomp!

Verdomme!

skoppie

blik

verfpot

verfpot

skroewe

schroeven

musiekinstrumente
muziekinstrumenten

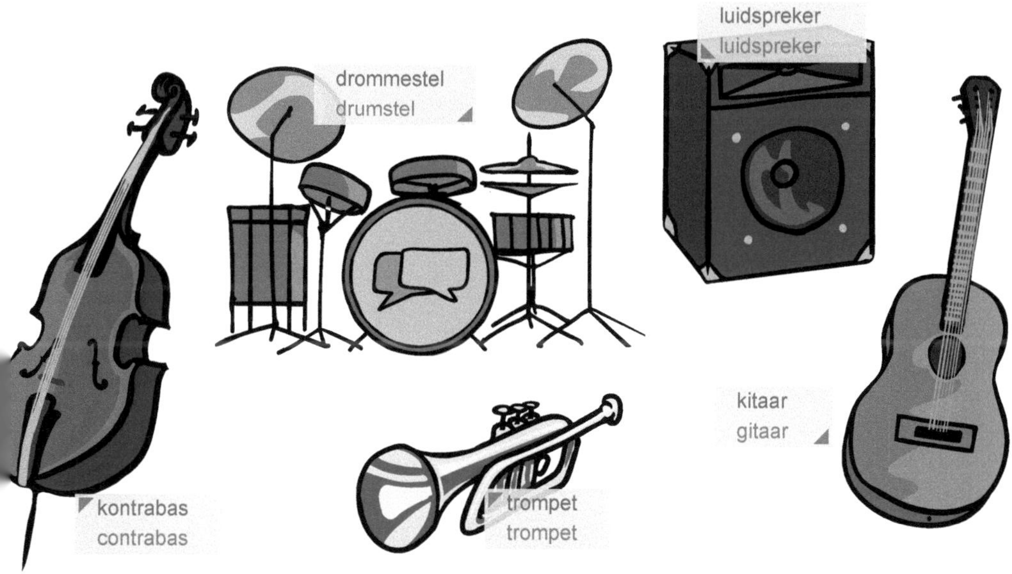

drommestel
drumstel

luidspreker
luidspreker

kontrabas
contrabas

trompet
trompet

kitaar
gitaar

klavier

piano

viool

viool

bas

basgitaar

keteltrom

pauk

dromme

trommels

sleutelbord

keyboard

saksofoon

saxofoon

fluit

fluit

mikrofoon

microfoon

dieretuin

zoo

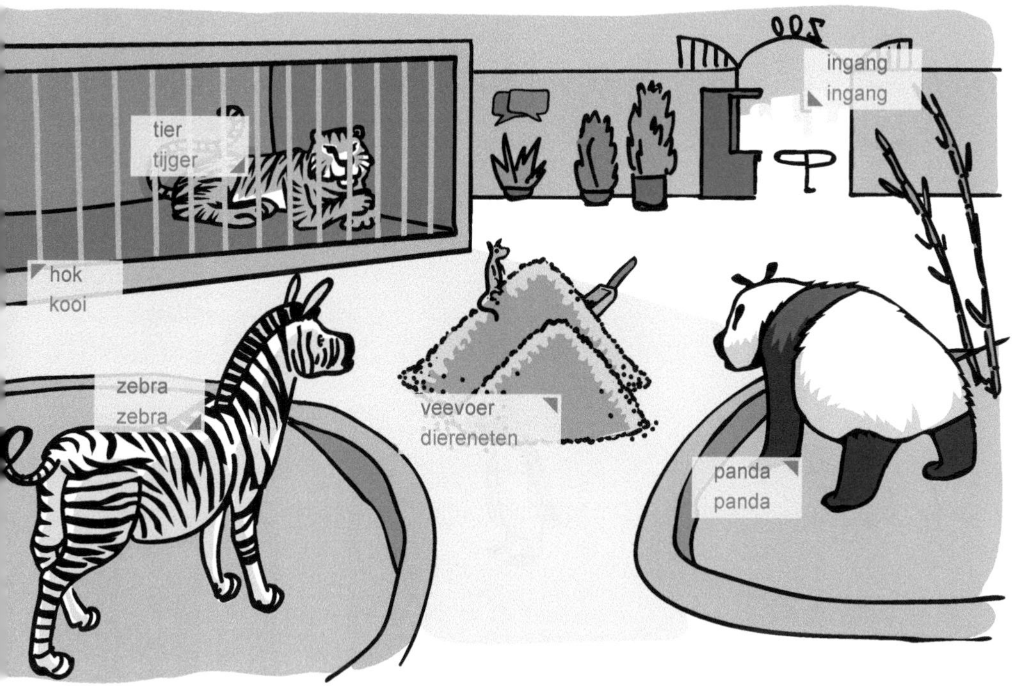

zoo
ingang
ingang
tier
tijger
hok
kooi
zebra
zebra
veevoer
diereneten
panda
panda

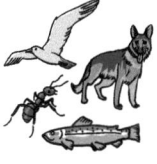

diere

dieren

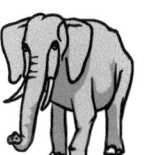

olifant

olifant

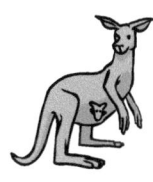

kangaroo

kangoeroe

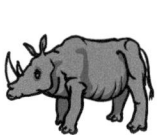

renoster

neushoorn

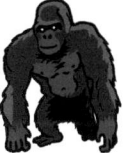

gorilla

gorilla

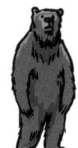

beer

beer

kameel
kameel

volstruis
struisvogel

leeu
leeuw

aap
aap

flamink
flamingo

papegaai
papegaai

ysbeer
ijsbeer

pikkewyn
pinguïn

haai
haai

pou
pauw

slang
slang

krokodil
krokodil

dieretuinopsigter
dierenverzorger

rob
zeehond

jaguar
jaguar

ponie
pony

luiperd
luipaard

seekoei
nijlpaard

kameelperd
giraffe

arend
adelaar

wildevark
wild zwijn

vis
vis

skilpad
zeeschildpad

walrus
walrus

jakkals
vos

gemsbok
gazelle

Amerikaanse Voetbal
rugby

fietsry
wielrennen

tennis
tennis

basketbal
basketbal

swem
zwemmen

boks
boksen

ys-hokkie
ijshockey

sokker
voetbal

pluimbal
badminton

atletiek
atletiek

handbal
handbal

ski
skiën

polo
polo

aktiwiteite
activiteiten

lag
lachen
spring
springen
drukkie
knuffelen
loop
wandelen
sing
zingen
droom
dromen
bid
bidden
soen
kussen

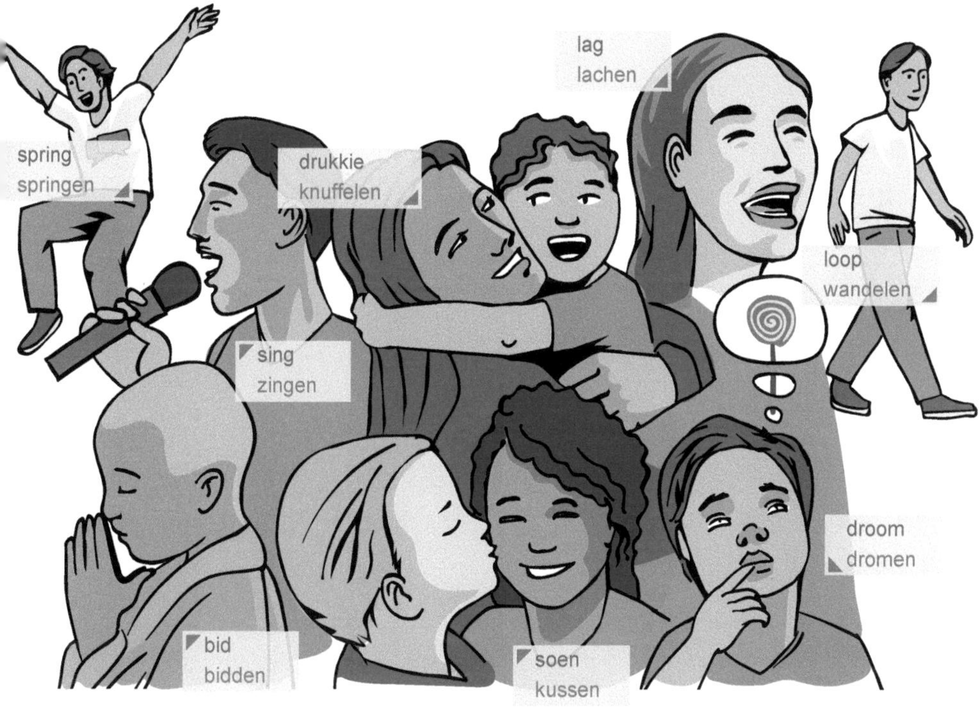

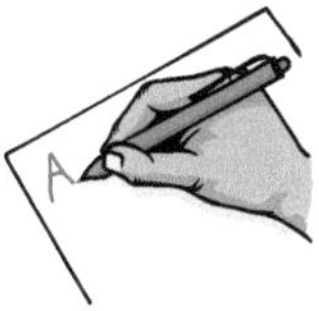

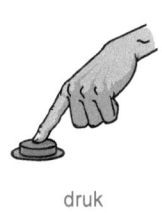

skryf
schrijven

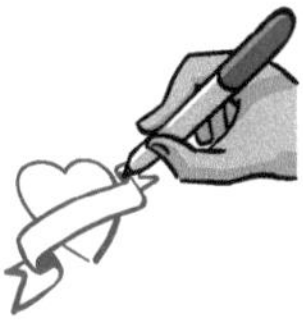

teken
tekenen

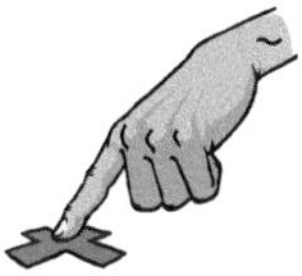

show
tonen

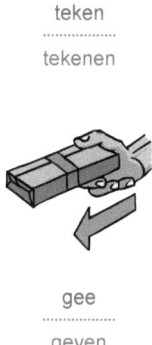

druk
duwen

gee
geven

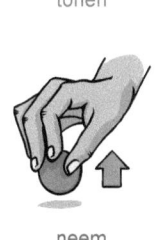

neem
nemen

het

hebben

doen

doen

wees

zijn

staan

staan

hardloop

lopen

trek

trekken

gooi

gooien

val

vallen

jok

liggen

wag

wachten

dra

dragen

sit

zitten

aantrek

aankleden

slaap

slapen

wakker word

ontwaken

aktiwiteite - activiteiten

kyk na

kijken naar

huil

wenen

streel

aaien

kam

kammen

praat

praten

verstaan

begrijpen

vra

vragen

luister

luisteren

drink

drinken

eet

eten

opruim

opruimen

liefhê

houden van

kook

koken

ry

rijden

vlieg

vliegen

aktiwiteite - activiteiten

seil

zeilen

bereken

rekenen

lees

Lezen

leer

leren

werk

werken

trou

trouwen

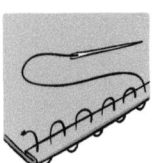

naai

naaien

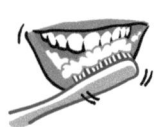

tande borsel

tandenpoetsen

doodmaak

doden

rook

roken

stuur

sturen

ouma
grootmoeder

oupa
grootvader

pa
vader

ma
moeder

baba
baby

dogter
dochter

seun
zoon

gas
gast

tannie
tante

oom
oom

broer
broer

suster
zus

liggaam
lichaam

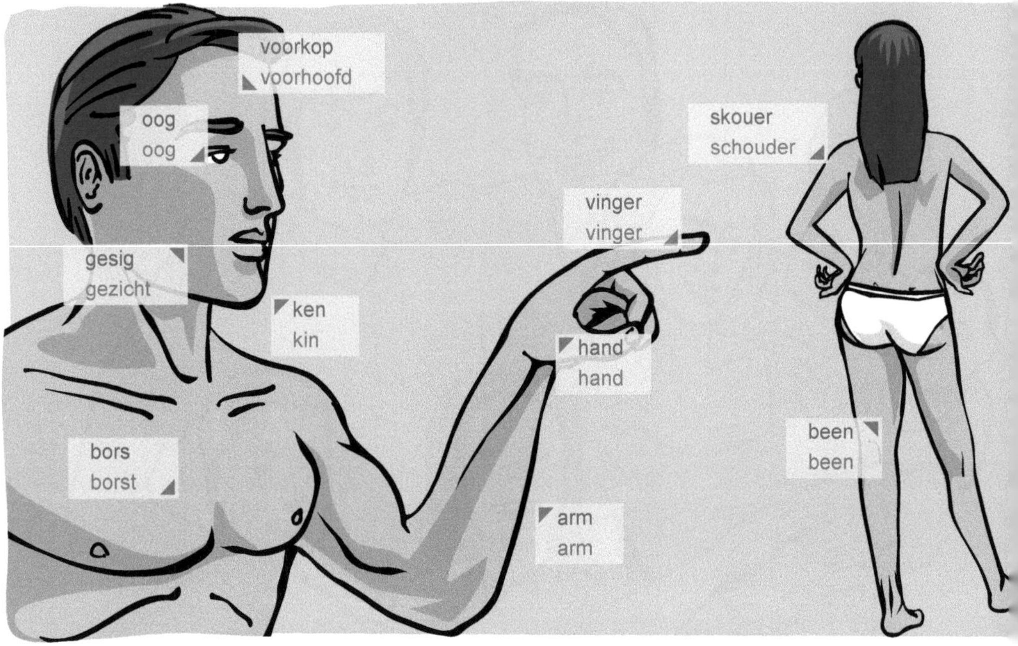

voorkop
voorhoofd

oog
oog

skouer
schouder

vinger
vinger

gesig
gezicht

ken
kin

hand
hand

bors
borst

been
been

arm
arm

baba
baby

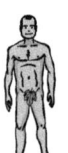

man
man

vrou
vrouw

meisie
meisje

seun
jongen

kop
hoofd

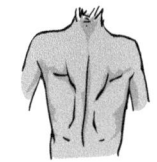

rug
rug

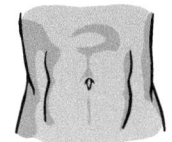

buik
buik

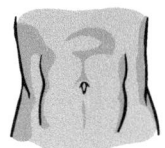

naelstring
navel

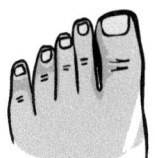

toon
teen

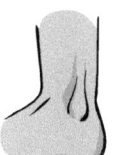

hak
hiel

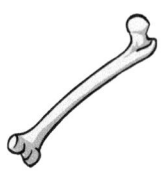

been
bot

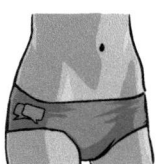

heup
heup

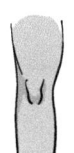

knie
knie

elmboog
elleboog

neus
neus

boude
zitvlak

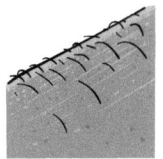

vel
huid

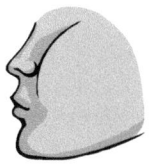

wang
wang

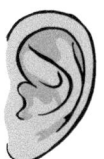

oor
oor

lippe
lip

mond
mond

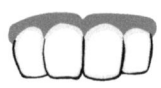

tand
tand

tong
tong

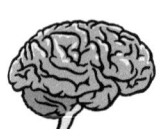

brein
hersenen

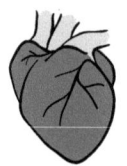

hart
hart

spiere
spier

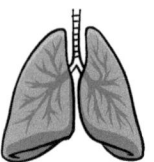

long
long

lewer
lever

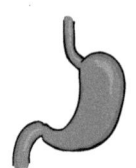

maag
maag

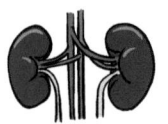

niere
nieren

seks
seks

kondoom
condoom

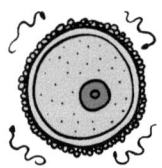

eierstok
eicel

semen
sperma

swangerskap
zwangerschap

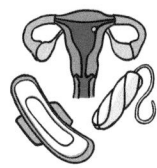

menstruasie

menstruatie

vagina

vagina

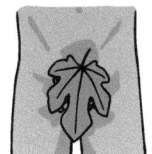

penis

penis

wenkbrou

wenkbrauw

hare

haar

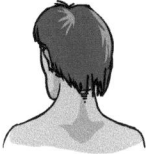

nek

nek

hospitaal
ziekenhuis

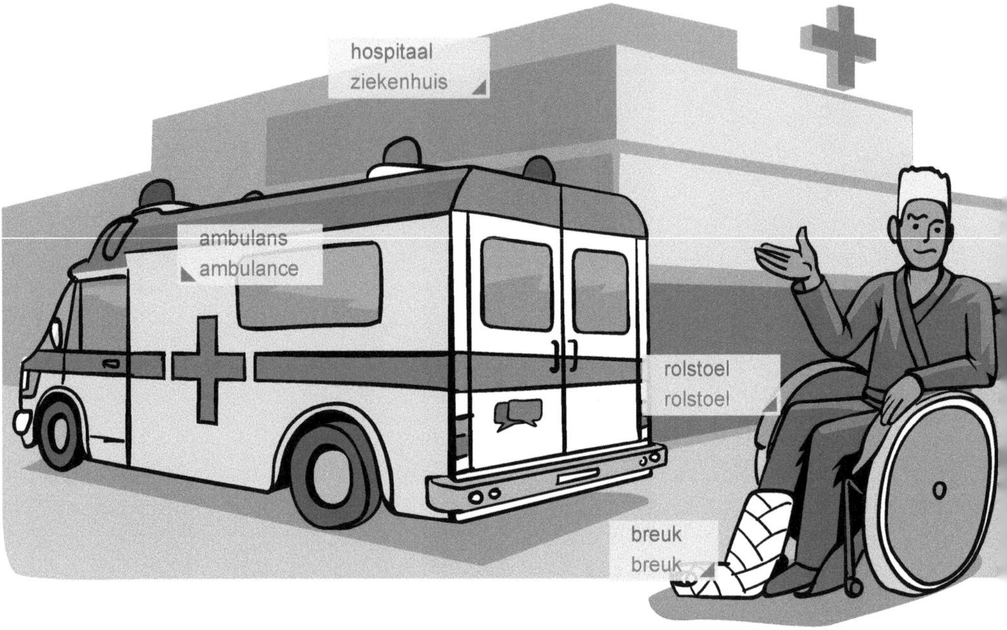

hospitaal
ziekenhuis
ambulans
ambulance
rolstoel
rolstoel
breuk
breuk

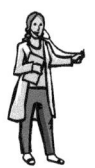

dokter
dokter

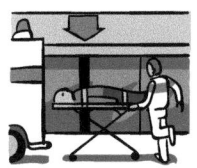

ongevalle
spoed

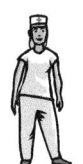

verpleegster
verpleegkundige

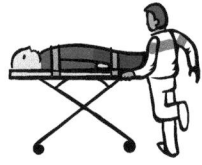

noodgeval
noodgeval

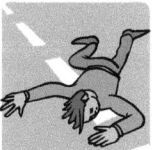

bewusteloos
bewusteloos

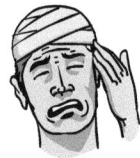

pyn
pijn

besering

verwonding

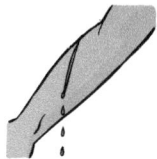

bloeding

bloeding

hartaanval

hartaanval

beroerte

beroerte

allergie

allergie

hoes

hoest

koors

koorts

griep

griep

diarree

diarree

hoofpyn

hoofdpijn

kanker

kanker

diabetes

diabetes

chirurg

chirurg

skalpel

scalpel

operasie

operatie

CT
CT

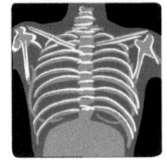

X-straal
röntgenstraal

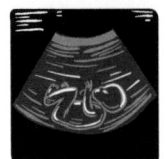

ultraklank
ultrageluid

gesigmasker
gezichtsmasker

siekte
ziekte

wagkamer
wachtkamer

kruk
kruk

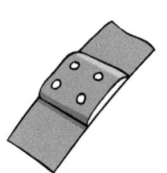

gips
pleister

verband
verband

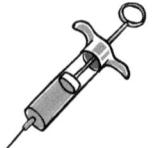

inspuiting
injectie

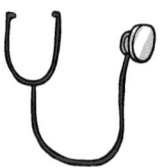

stetoskoop
stethoscoop

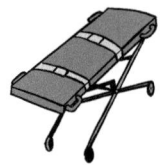

draagbaar
brancard

kliniese termometer
thermometer

geboorte
geboorte

oorgewig
overgewicht

gehoorapparaat

hoorapparaat

ontsmettingsmiddel

ontsmettingsmiddel

infeksie

infectie

virus

virus

MIV / vigs

HIV / AIDS

medisyne

medicijn

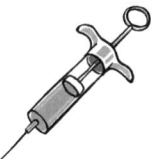

inenting

vaccinatie

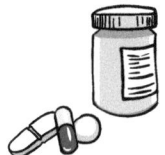

tablette

tabletten

pil

pil

noodoproep

noodoproep

blooddrukmonitor

bloeddrukmeter

siek / gesond

ziek / gezond

Help!	alarm	aanranding
Help!	alarm	overval

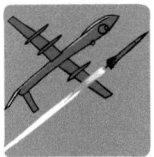		
aanval	gevaar	nooduitgang
aanval	gevaar	nooduitgang

Brand!	brandblusser	ongeluk
Brand!	brandblusser	ongeval

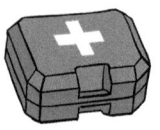		
noodhulpkissie	SOS	polisie
EHBO-kit	SOS	politie

Europa

Europa

Noord-Amerika

Noord-Amerika

Suid-Amerika

Zuid-Amerika

Afrika

Afrika

Asië

Azië

Australië

Australië

Atlantiese Oseaan

Atlantische Oceaan

Stille Oseaan

Stille Oceaan

Indiese Oseaan

Indische Oceaan

Antarktiese Oseaan

Antarctische Oceaan

Arktiese Oseaan

Arctische Oceaan

Noordpool

Noordpool

Suidpool

Zuidpool

Antarktika

Antarctica

aarde

aarde

land

land

see

zee

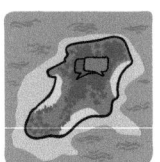

eiland

eiland

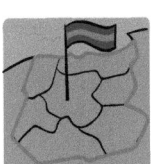

nasie

natie

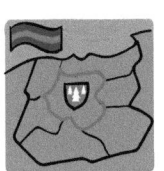

staat

staat

78

horlosie

wijzerplaat

uur-aanwyser

uurwijzer

minuut-aanwyser

minuutwijzer

sekonde-aanwyser

secondewijzer

Hoe laat is dit?

Hoe laat is het?

dag

dag

tyd

tijd

nou

nu

digitale horlosie

digitale horloge

minuut

minuut

uur

uur

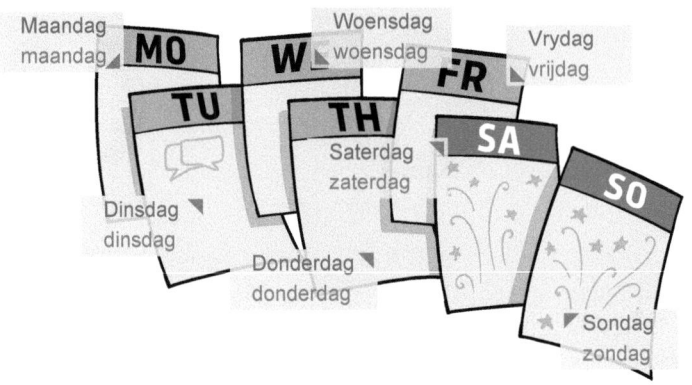

Maandag / maandag
Woensdag / woensdag
Vrydag / vrijdag
Dinsdag / dinsdag
Saterdag / zaterdag
Donderdag / donderdag
Sondag / zondag

gister
gisteren

vandag
vandaag

môre
morgen

oggend
ochtend

middag
middag

aand
avond

werksdae
werkdagen

naweek
weekend

jaar

jaar

reën
regen
reënboog
regenboog
wind
wind
sneeu
sneeuw
lente
lente
somer
zomer
Herfs
herfst
winter
winter

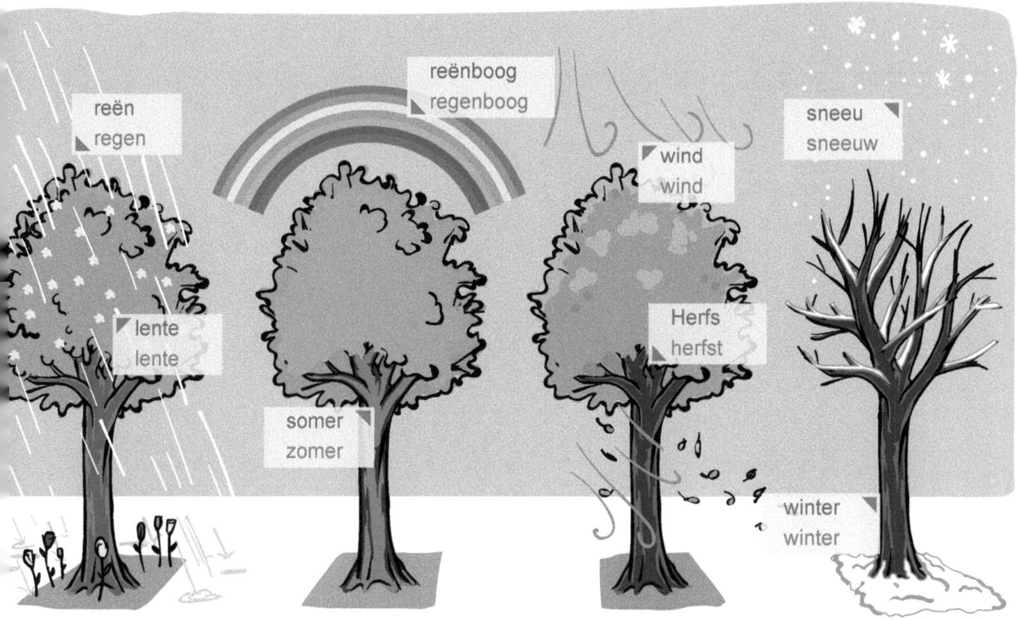

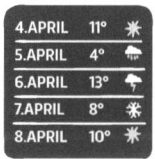

4.APRIL 11°
5.APRIL 4°
6.APRIL 13°
7.APRIL 8°
8.APRIL 10°

weervoorspelling

weervoorspelling

F
C
120
90
60
30
0
-30
40
30
20
10
0
-10
-20

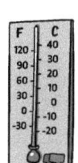

termometer

thermometer

sonskyn

zonneschijn

wolk

wolk

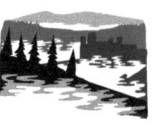

mis

mist

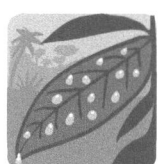

humiditeit

vochtigheid

weerlig

bliksem

donderweer

donder

storm

storm

hael

hagel

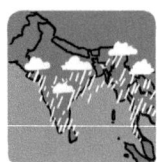

reënseisoen

moesson

vloed

overstroming

ys

ijs

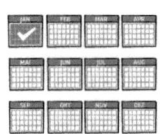

Januarie

januari

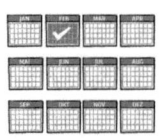

Februarie

februari

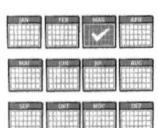

Maart

maart

April

april

Mei

mei

Junie

juni

Julie

juli

Augustus

augustus

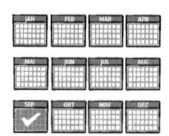

September
....
september

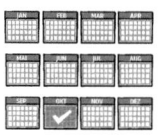

Oktober
....
oktober

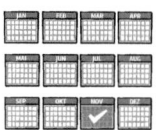

November
....
november

Desember
....
december

vorms
vormen

sirkel
....
cirkel

vierkant
....
kwadraat

reghoek
....
rechthoek

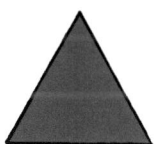

driehoek
....
driehoek

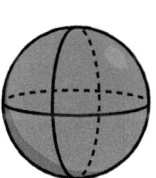

gebied
....
bol

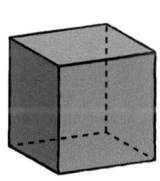

kubus
....
kubus

wit

wit

geel

geel

oranje

oranje

pink

roze

rooi

rood

pers

paars

blou

blauw

groen

groen

bruin

bruin

grys

grijs

swart

zwart

'n baie / 'n bietjie

veel / weinig

kwaad / kalm

boos / kalm

pragtig / lelik

mooi / lelijk

begin / einde

begin / einde

groot / klein

groot / klein

helder / donker

licht / donker

broer / suster

broer / zus

skoon / vuil

proper / vuil

volledige / onvolledige

volledig / onvolledig

dag / nag

dag / nacht

dood / lewendig

dood / levend

wyd / smal

breed / smal

eetbare / oneetbaar

eetbaar / oneetbaar

kwaad / vriendelik

kwaadaardig / vriendelijk

opgewonde / verveeld

opgewonden / verveeld

vet / maer

dik / dun

eerste / laaste

eerst / laatst

vriend / vyand

vriend / vijand

vol / leeg

vol / leeg

hard / sag

hard / zacht

swaar / lig

zwaar / licht

honger / dors

honger / dorst

siek / gesond

ziek / gezond

onwettige / wettige

illegaal / legaal

slim / dom

intelligent / dom

links / regs

links / rechts

naby / vêr

dichtbij / veraf

nuut / tweedehands

nieuw / gebruikt

niks / iets

niets / iets

oud / jonk

oud / jong

aan / af

aan / uit

oop / toe

open / dicht

stil / lawaaierig

stil / luid

ryk / arm

rijk / arm

reg / verkeerd

juist / fout

grof / glad

ruw / glad

hartseer / gelukkig

droevig / blij

kort / lank

kort / lang

stadig / vinnig

traag / snel

nat / droog

nat / droog

warm / koel

warm / koud

oorlog / vrede

oorlog / vrede

0	**1**	**2**
nul	een	twee
nul	één	twee

3	**4**	**5**
drie	vier	vyf
drie	vier	vijf

6	**7**	**8**
ses	sewe	agt
zes	zeven	acht

9	**10**	**11**
nege	tien	elf
negen	tien	elf

12

twaalf

twaalf

13

dertien

dertien

14

veertien

veertien

15

vyftien

vijftien

16

sestien

zestien

17

sewentien

zeventien

18

agtien

achtien

19

negentien

negentien

20

twintig

twintig

100

honderd

honderd

1.000

duisend

duizend

1.000.000

miljoen

miljoen

Engels

Engels

Amerikaanse Engels

Amerikaans Engels

Mandaryns

Chinees (Mandarijn)

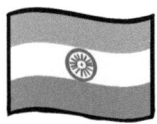

Hindi

Hindi

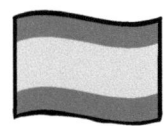

Spaans

Spaans

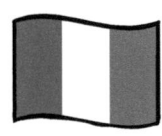

Frans

Frans

Arabies

Arabisch

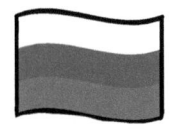

Russies

Russisch

Portugees

Portugees

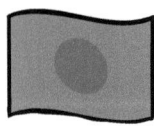

Bengaals

Bengali

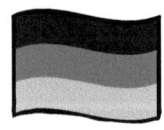

Duits

Duits

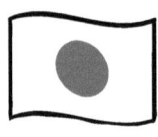

Japanees

Japans

Ek

ik

jy

u

hy / sy / dit

hij / zij / het

ons

wij

julle

u

hulle

ze

wie?

wie?

wat?

wat?

hoe?

hoe?

waar?

waar?

wanneer?

wanneer?

naam

naam

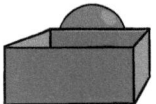

agter

achter

in

in

voor

voor

oor

boven

bo-op

op

onder

onder

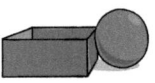

langs

naast

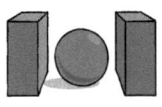

tussen

tussen

plek

plaats